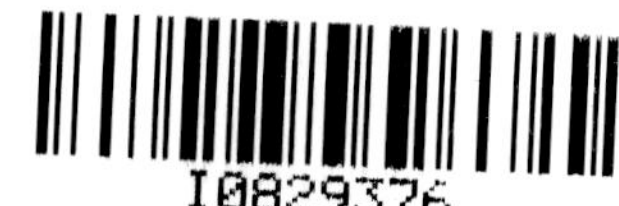
I0829376

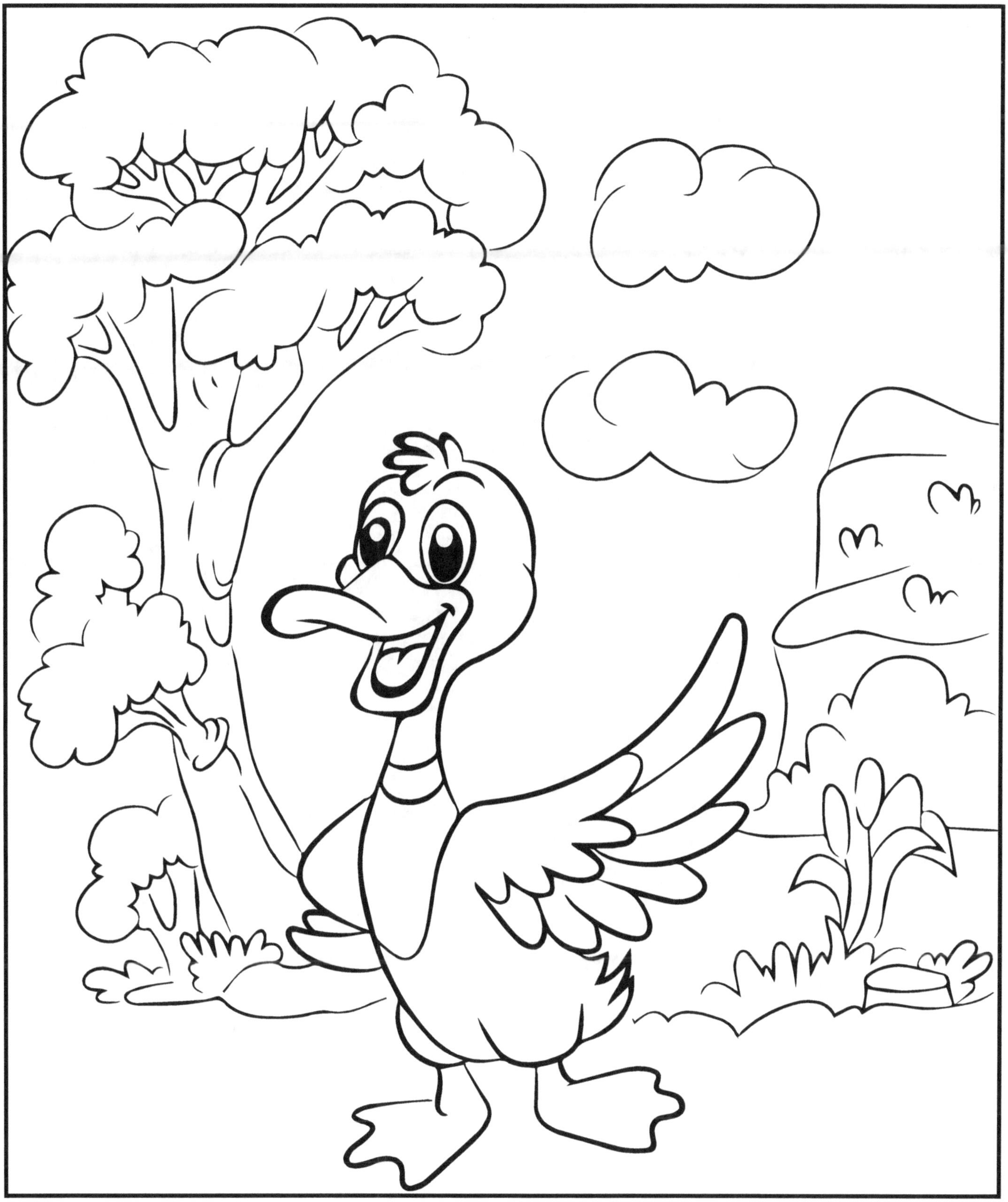

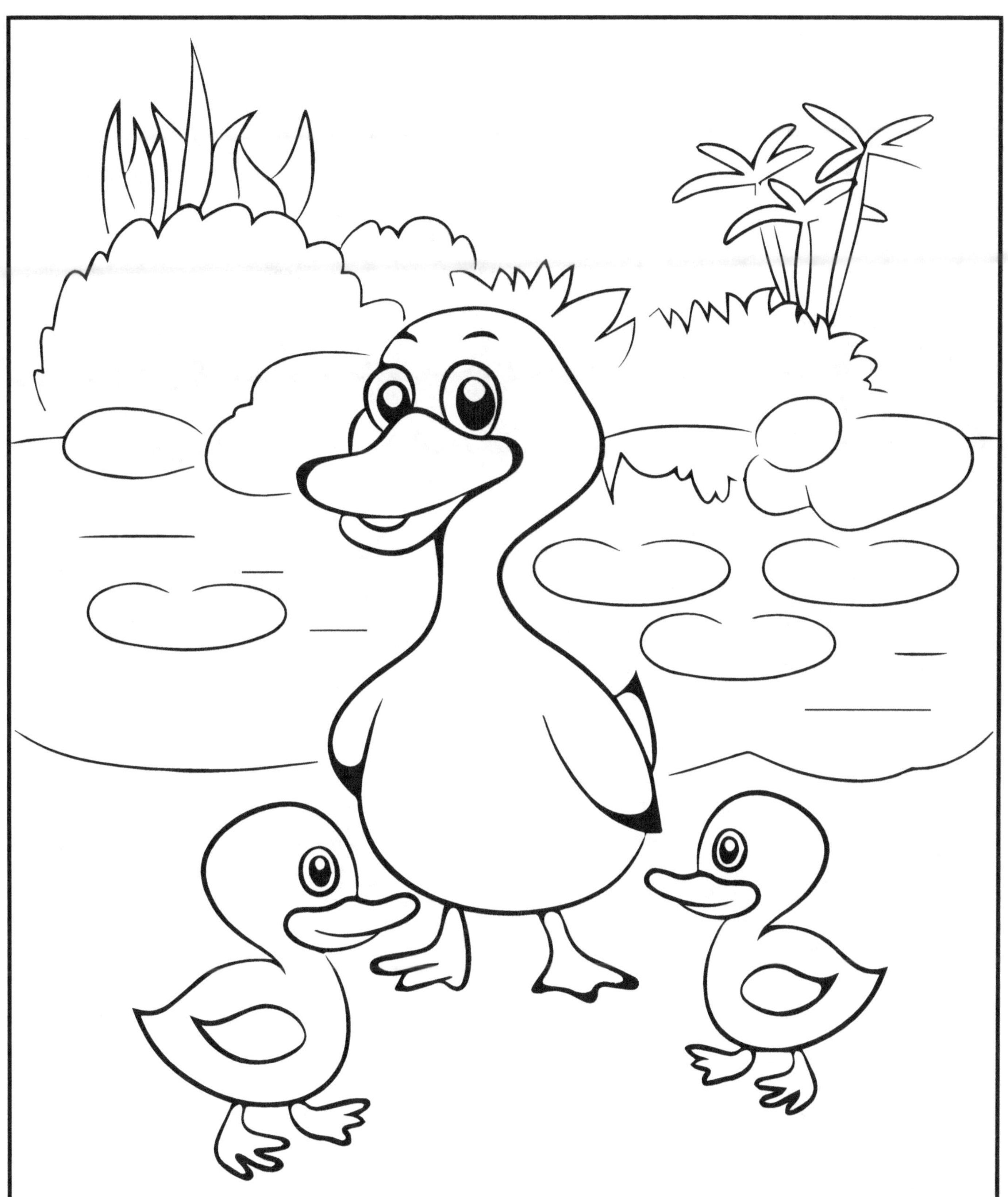

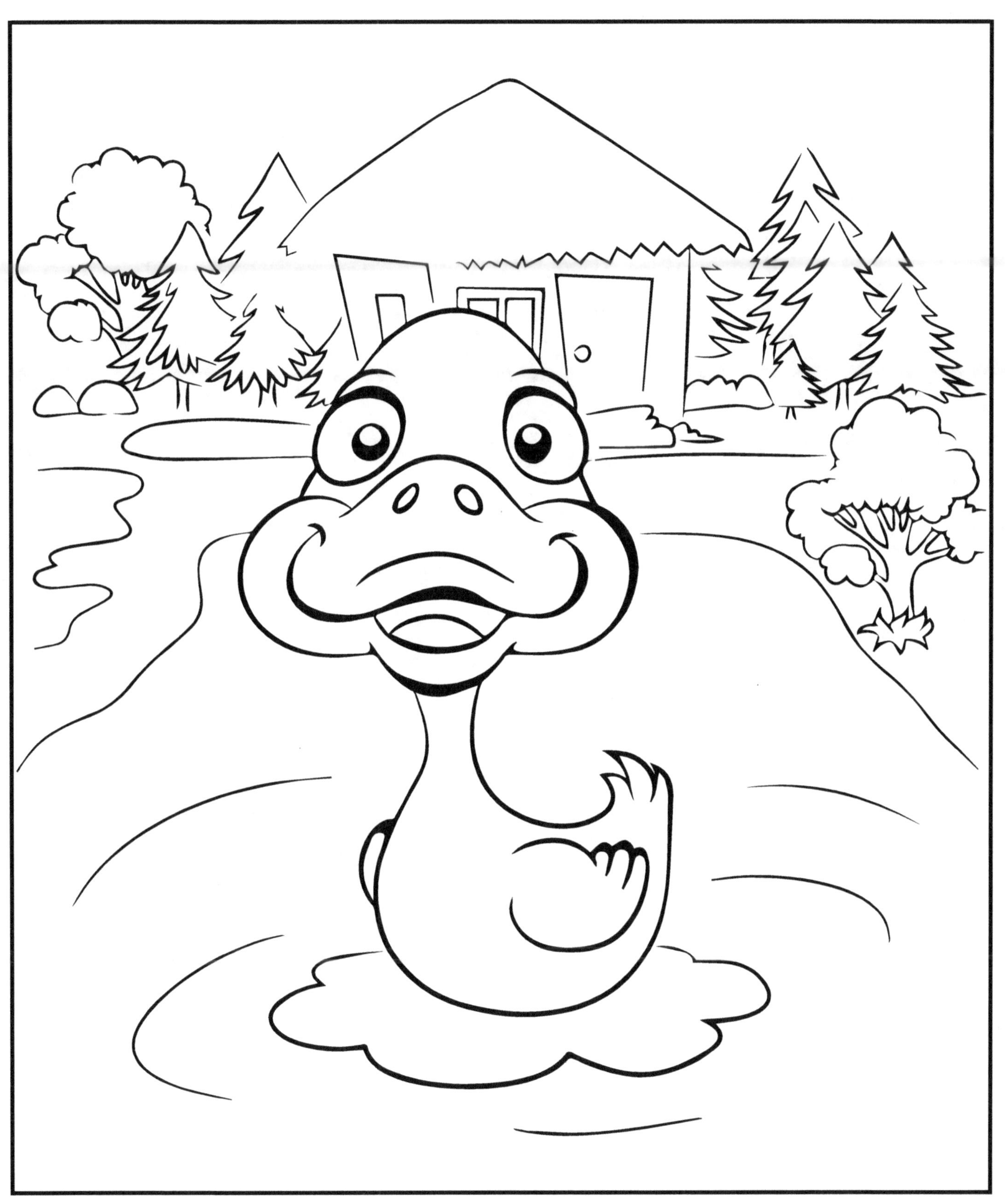

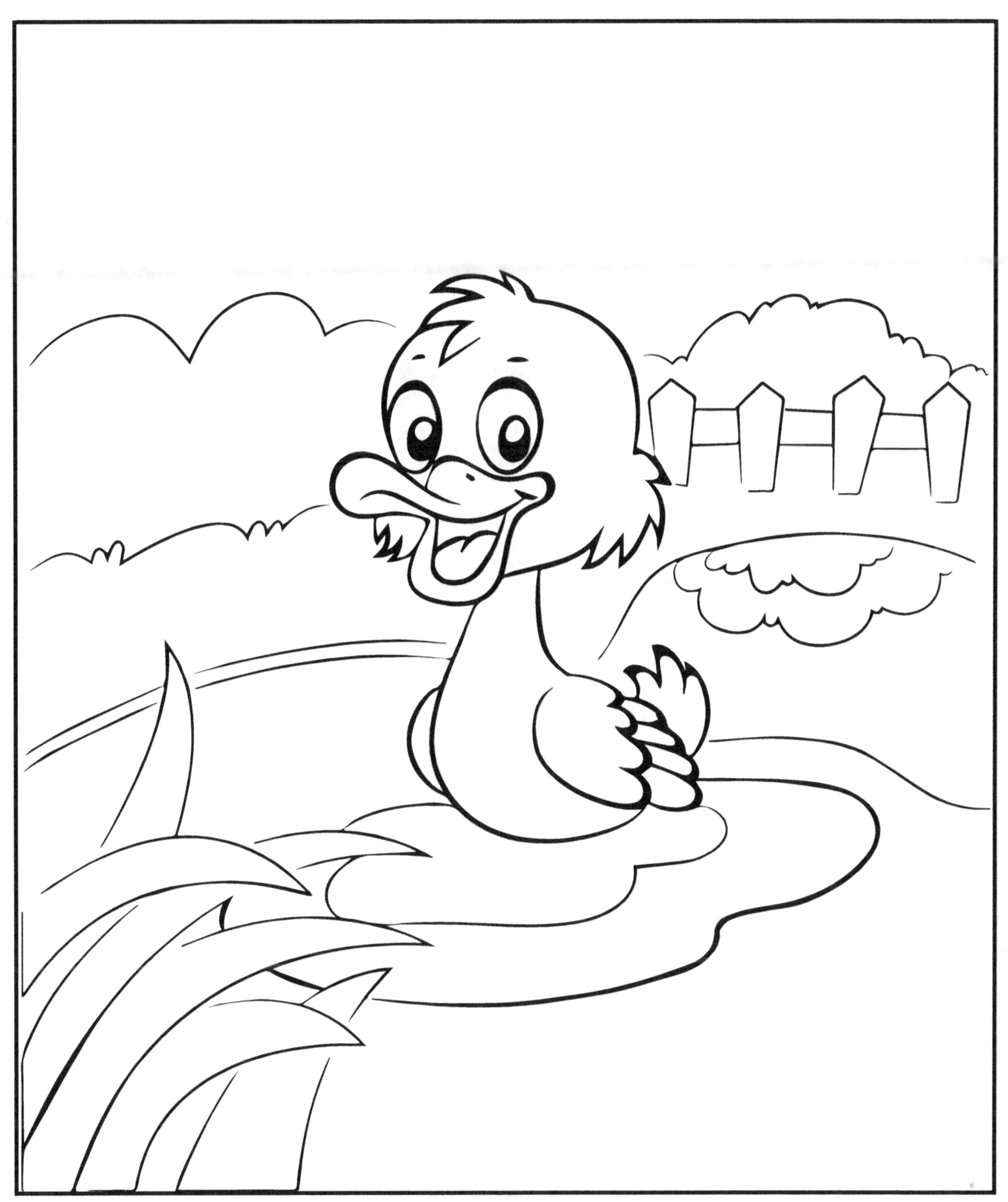

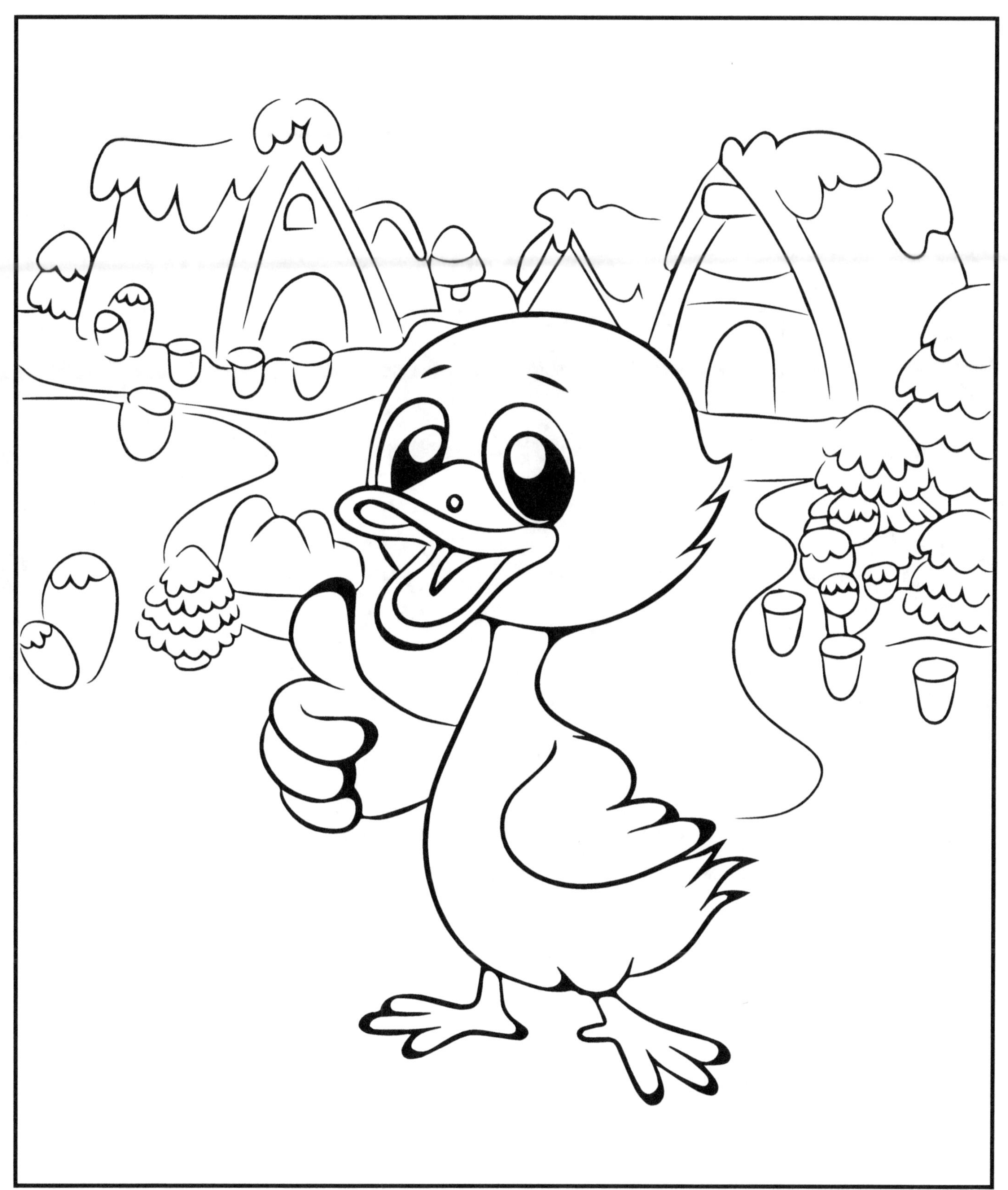

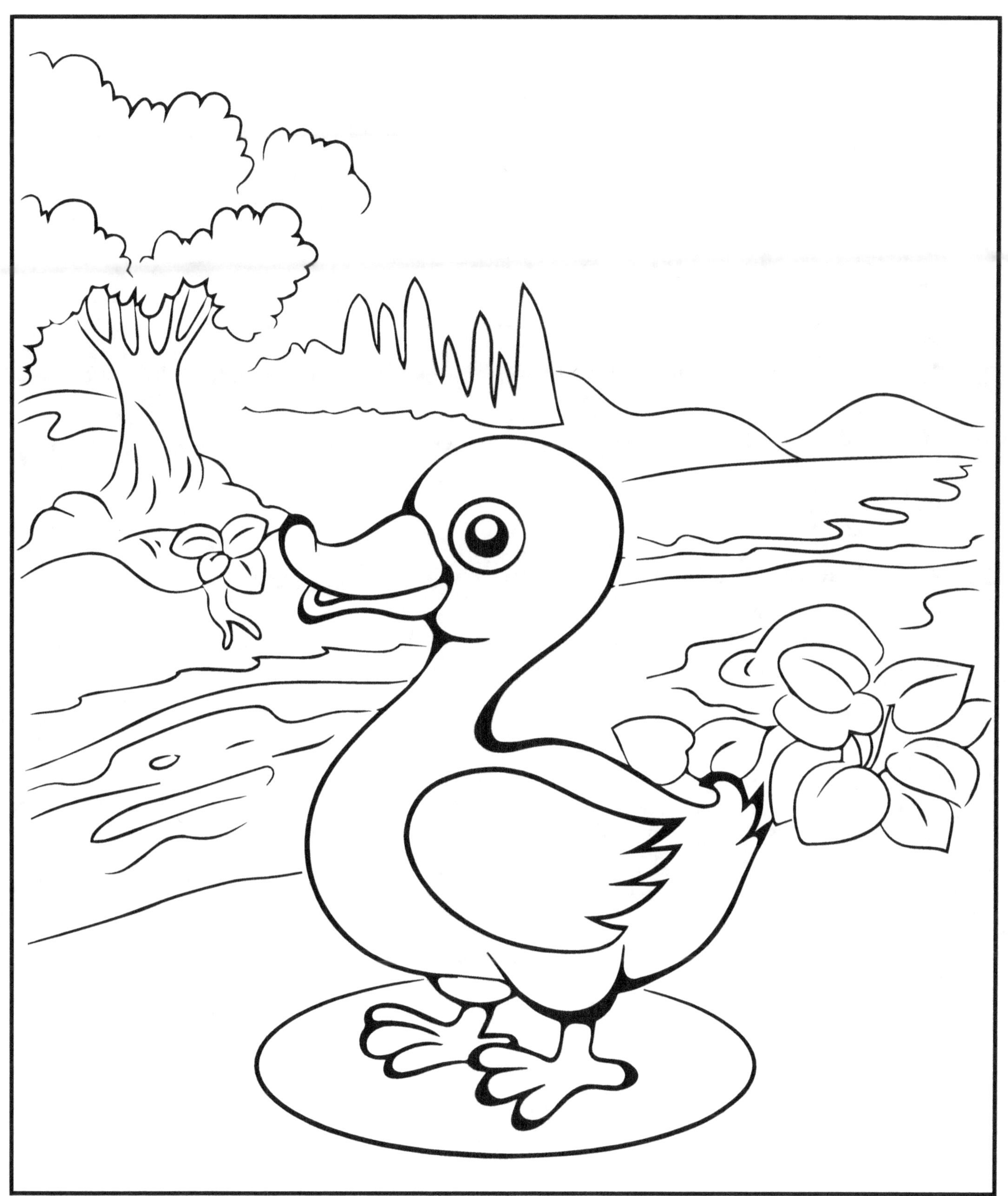

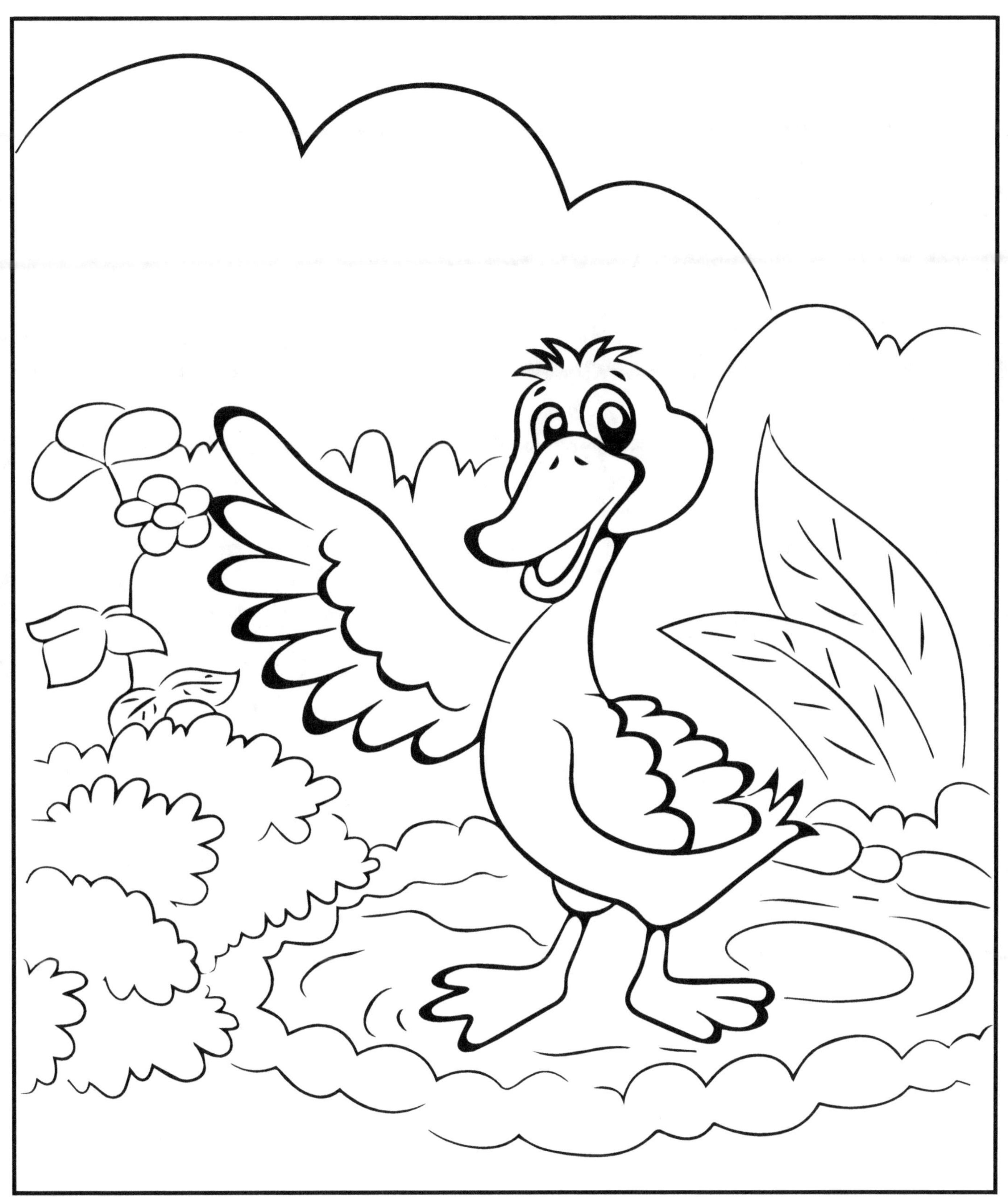

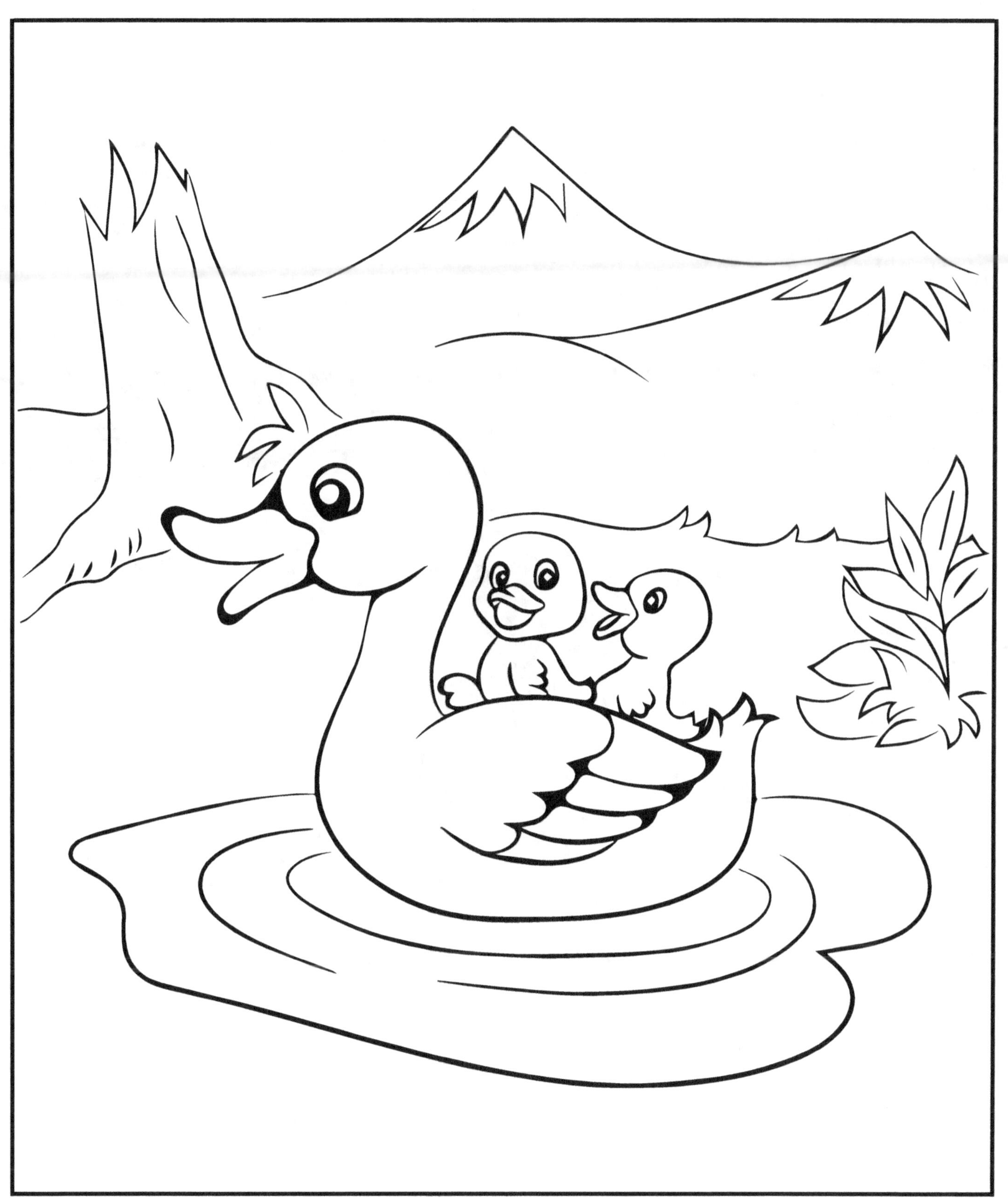

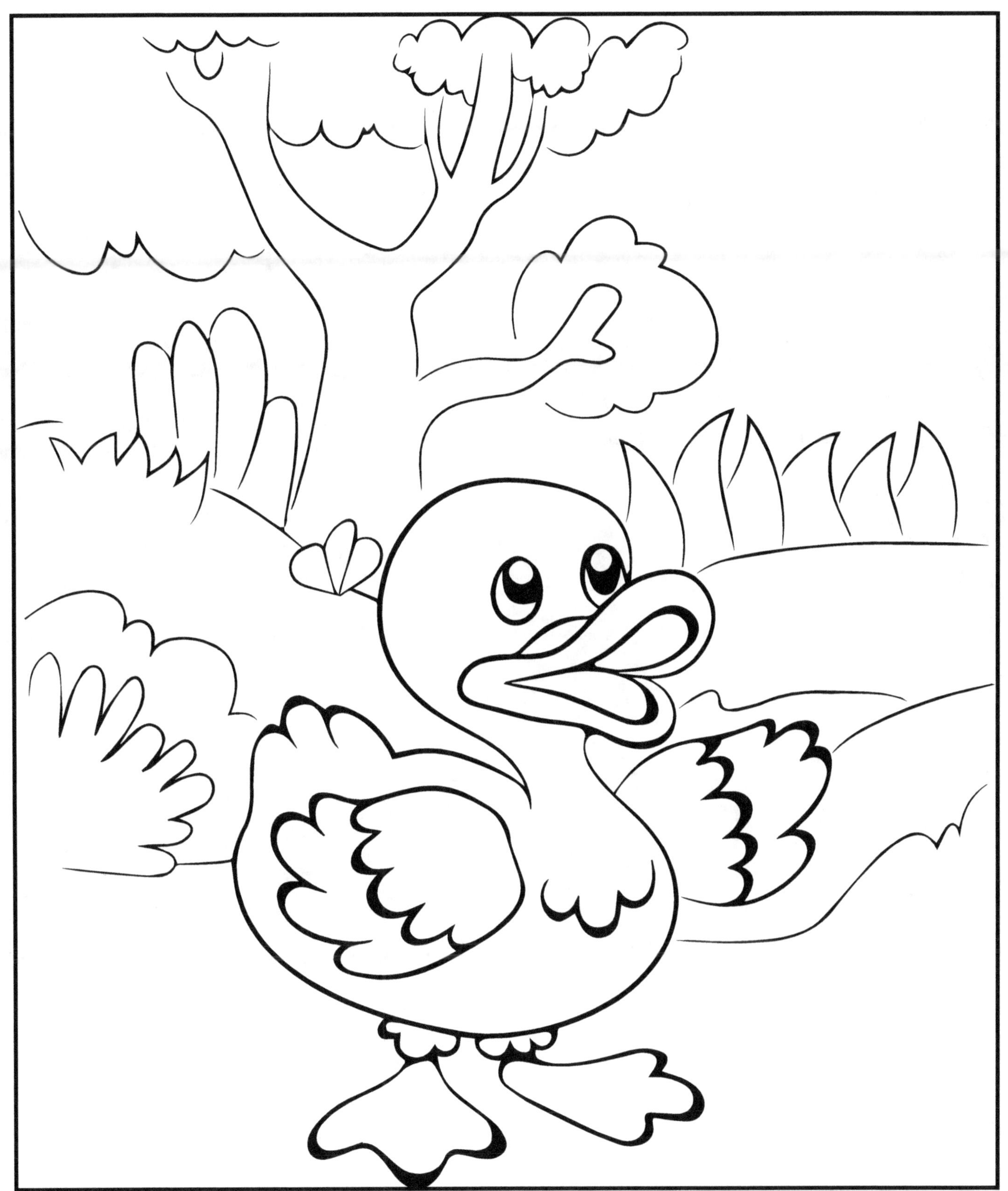

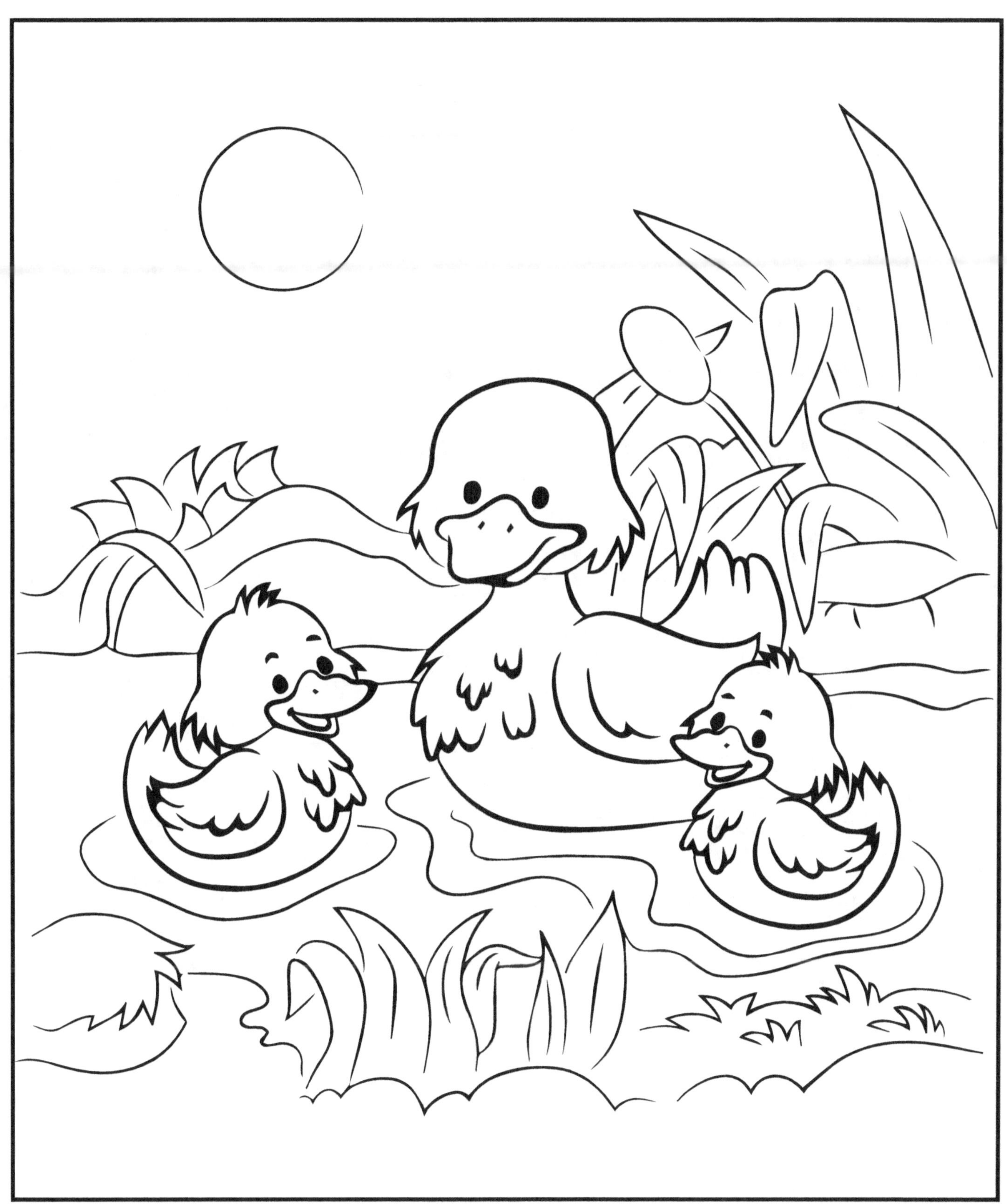

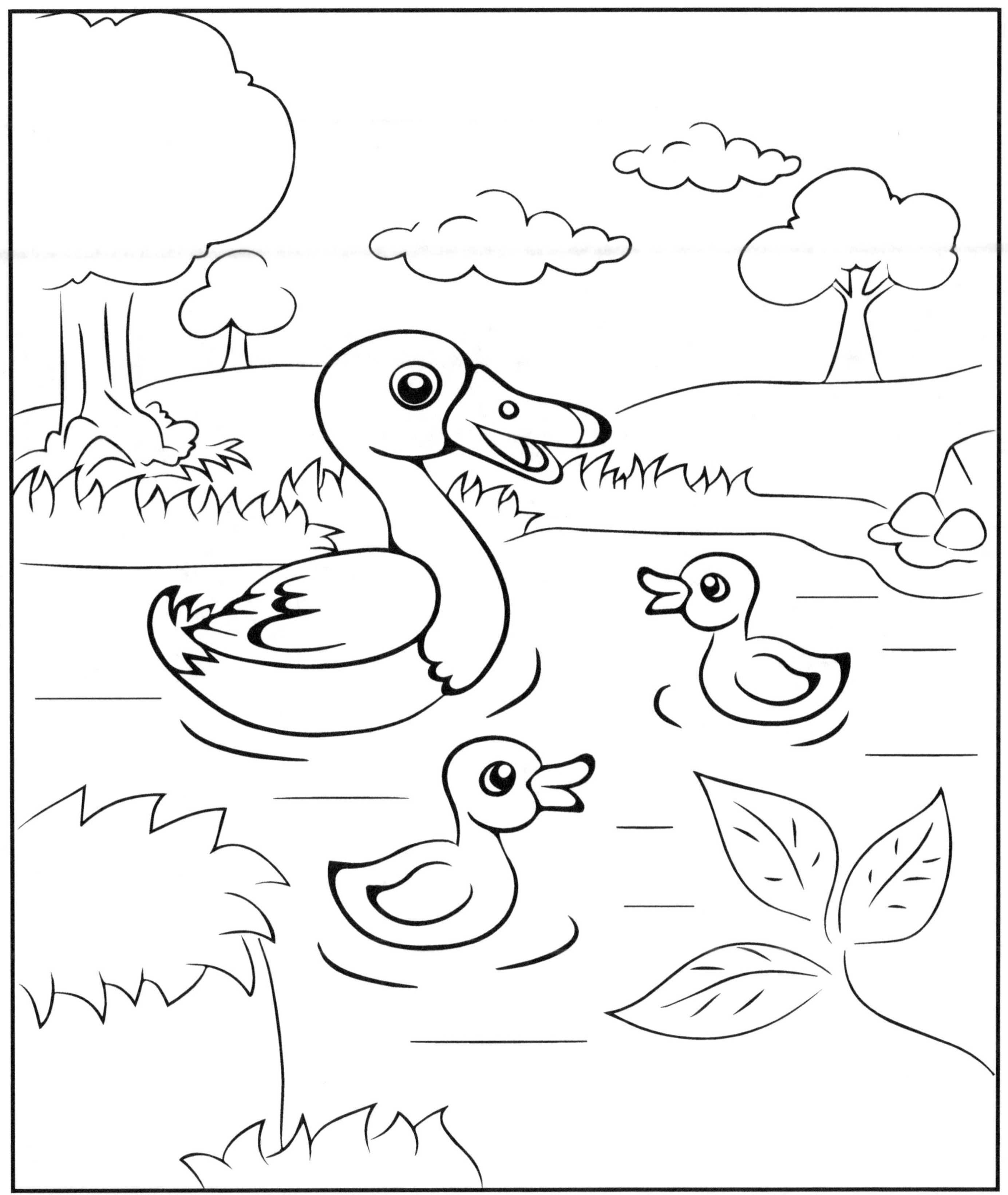

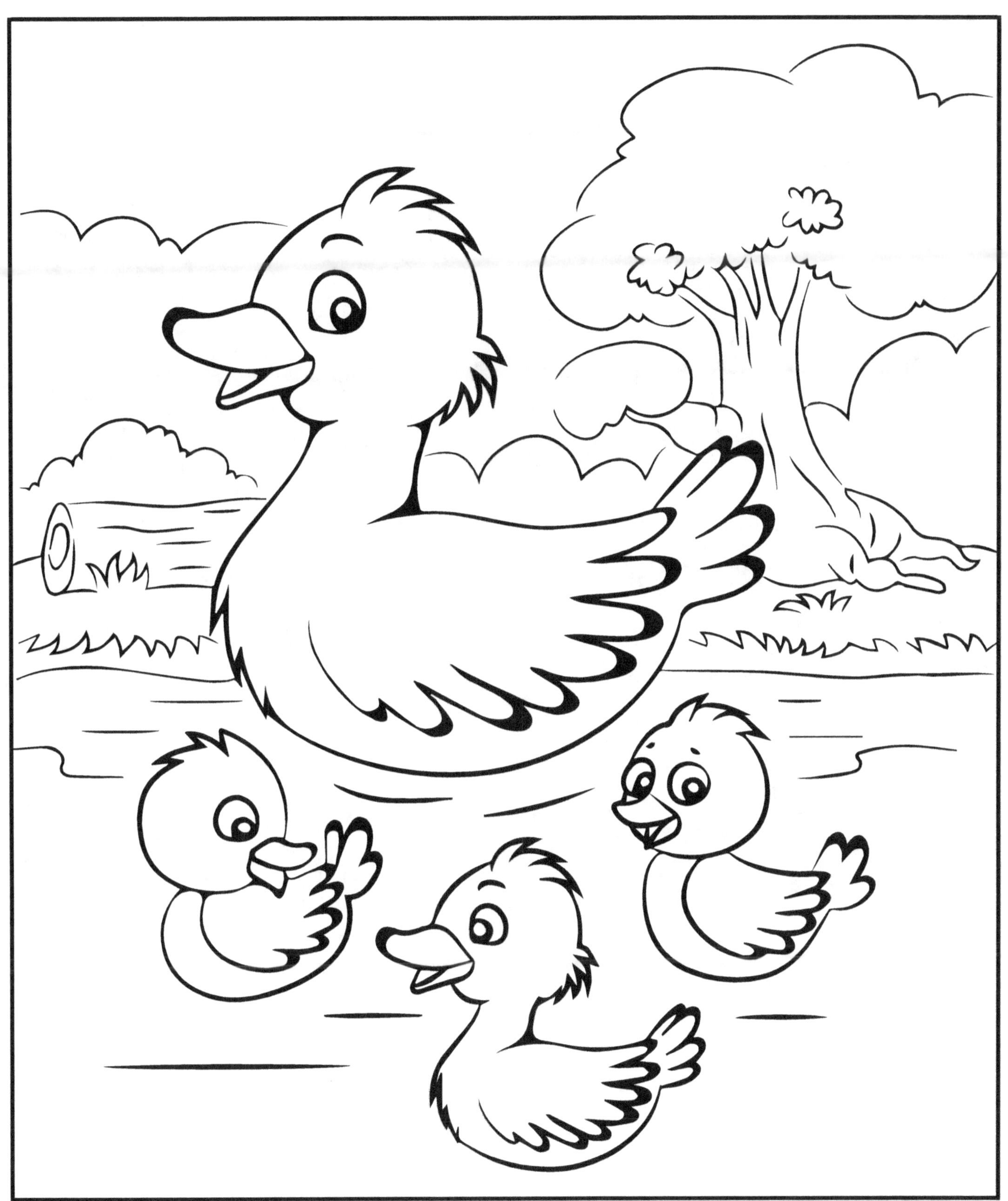

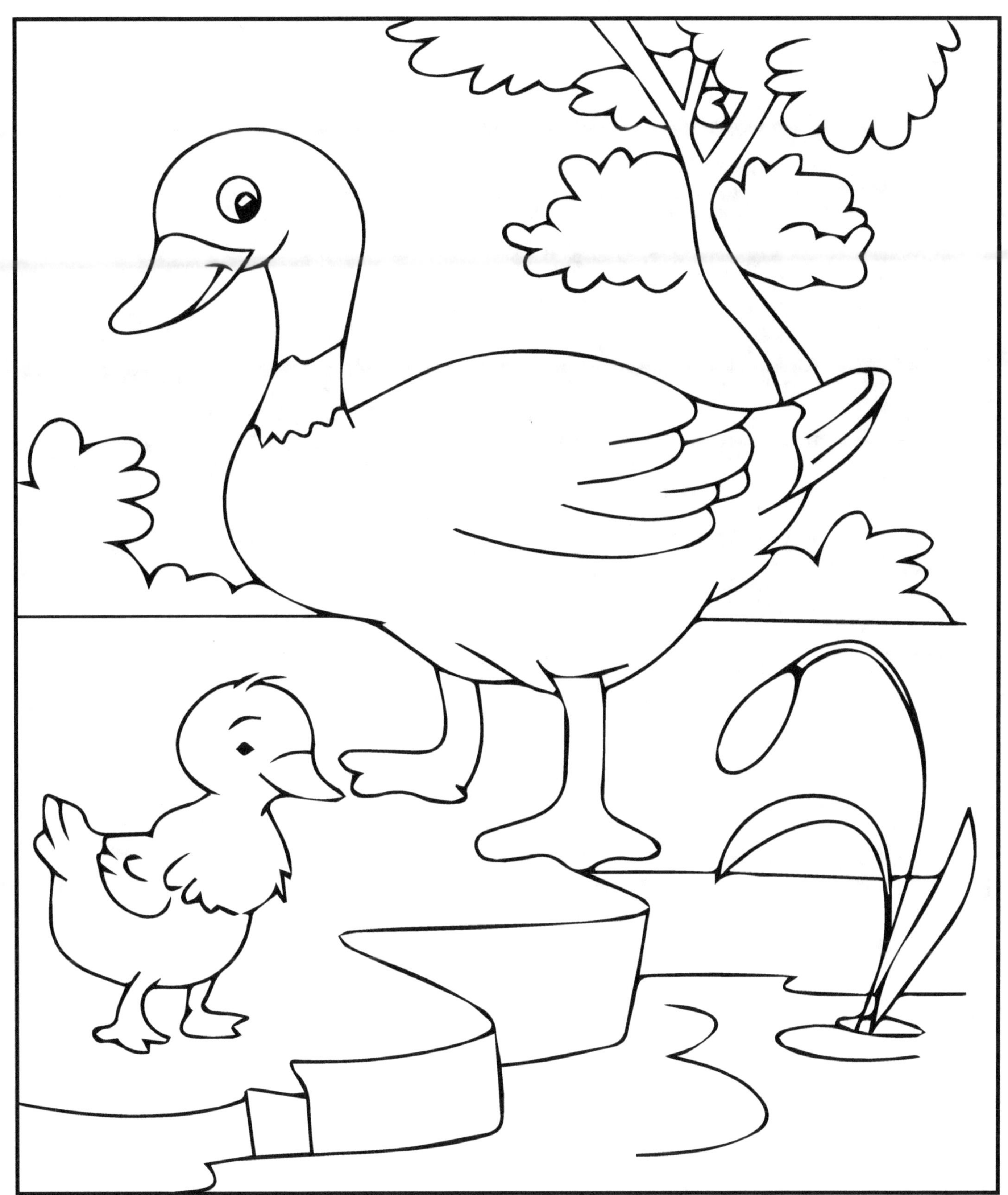

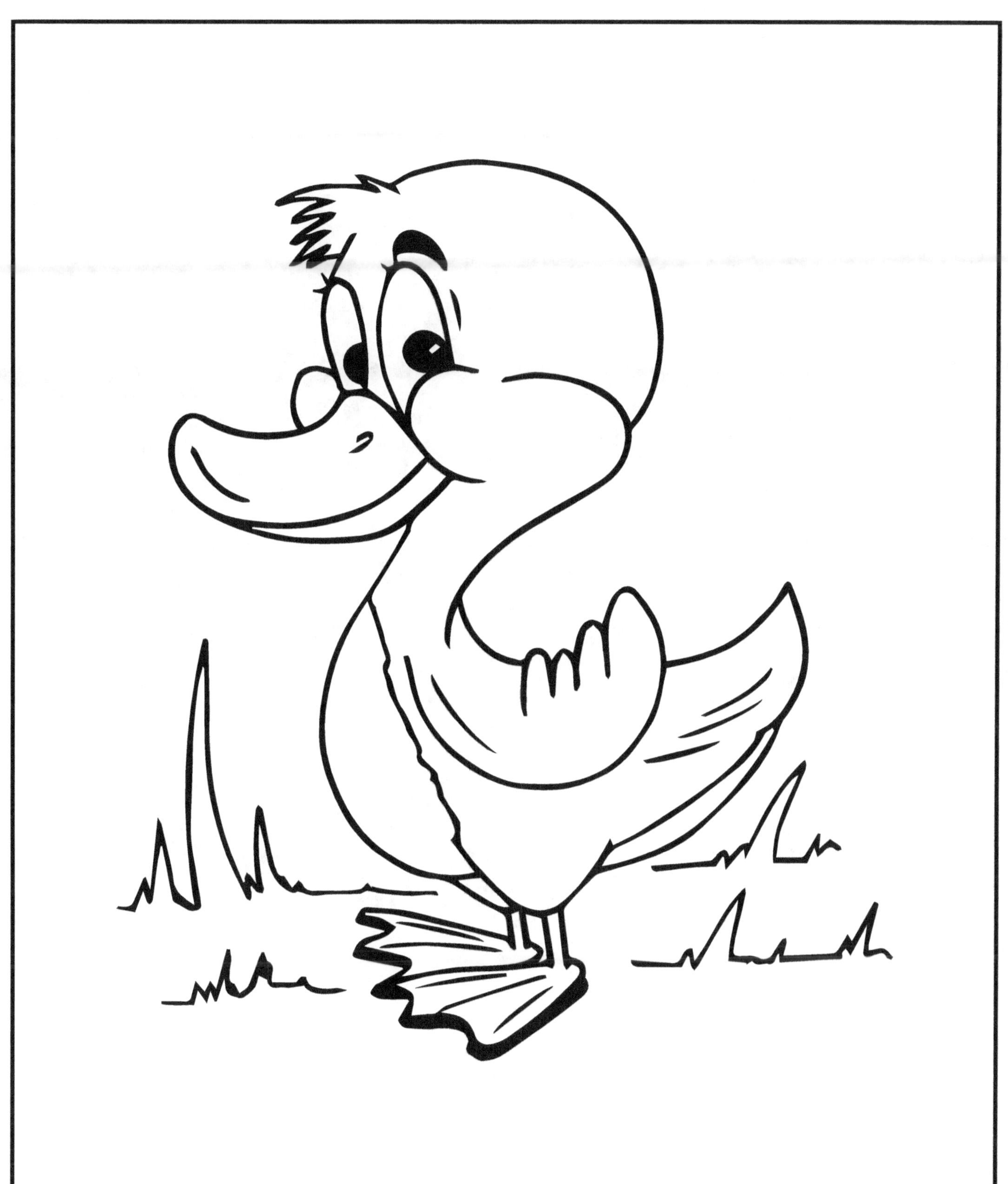

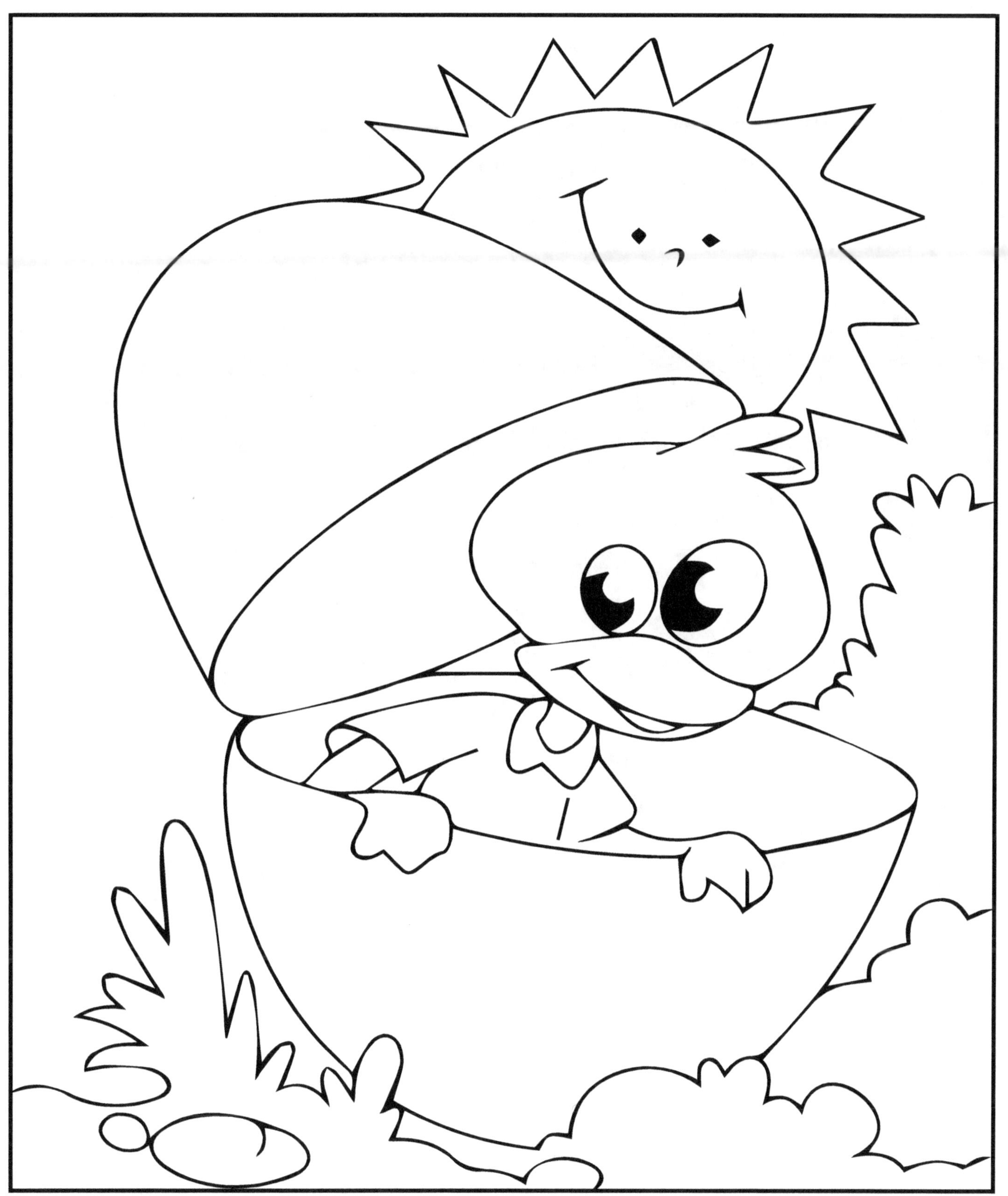

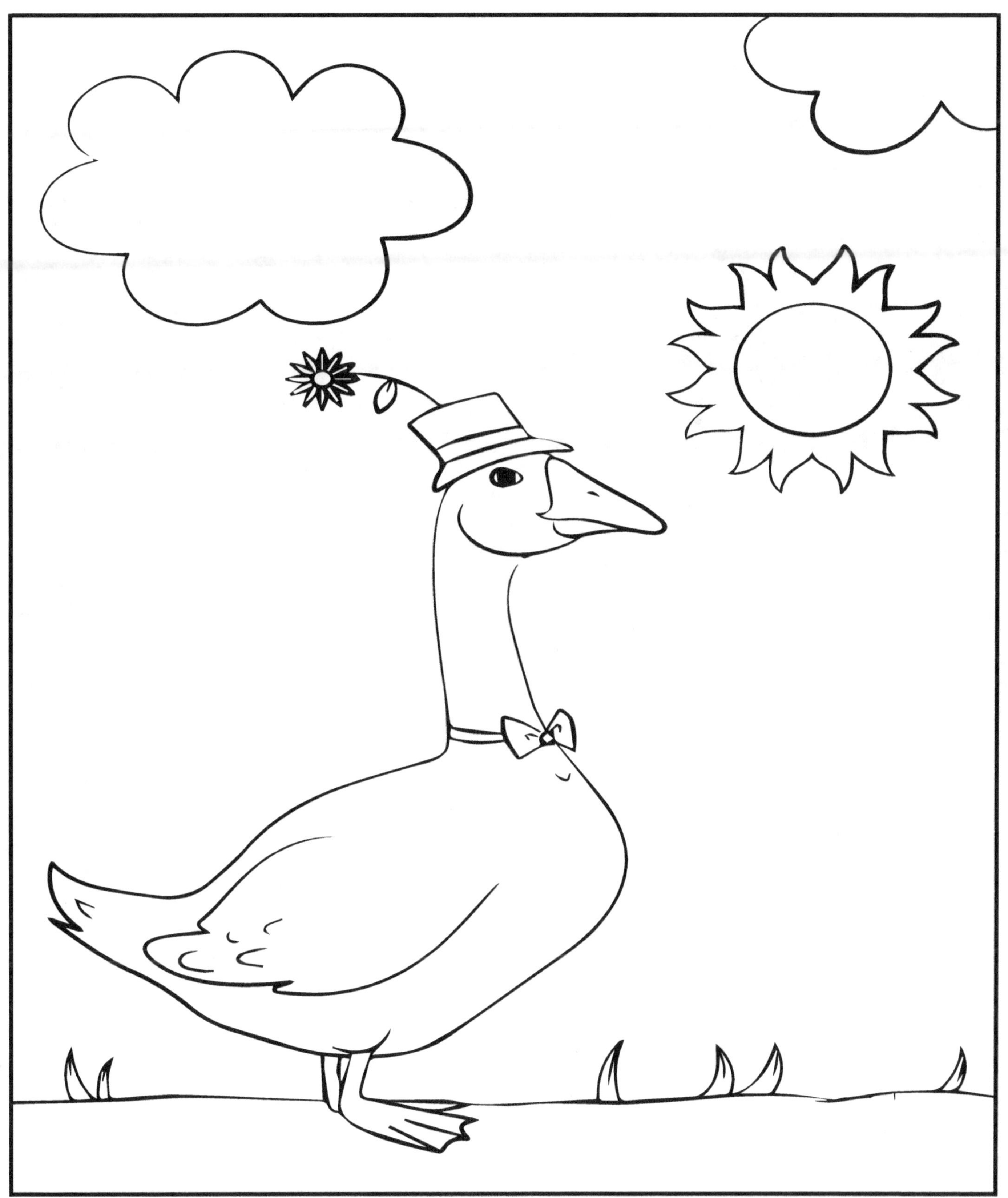

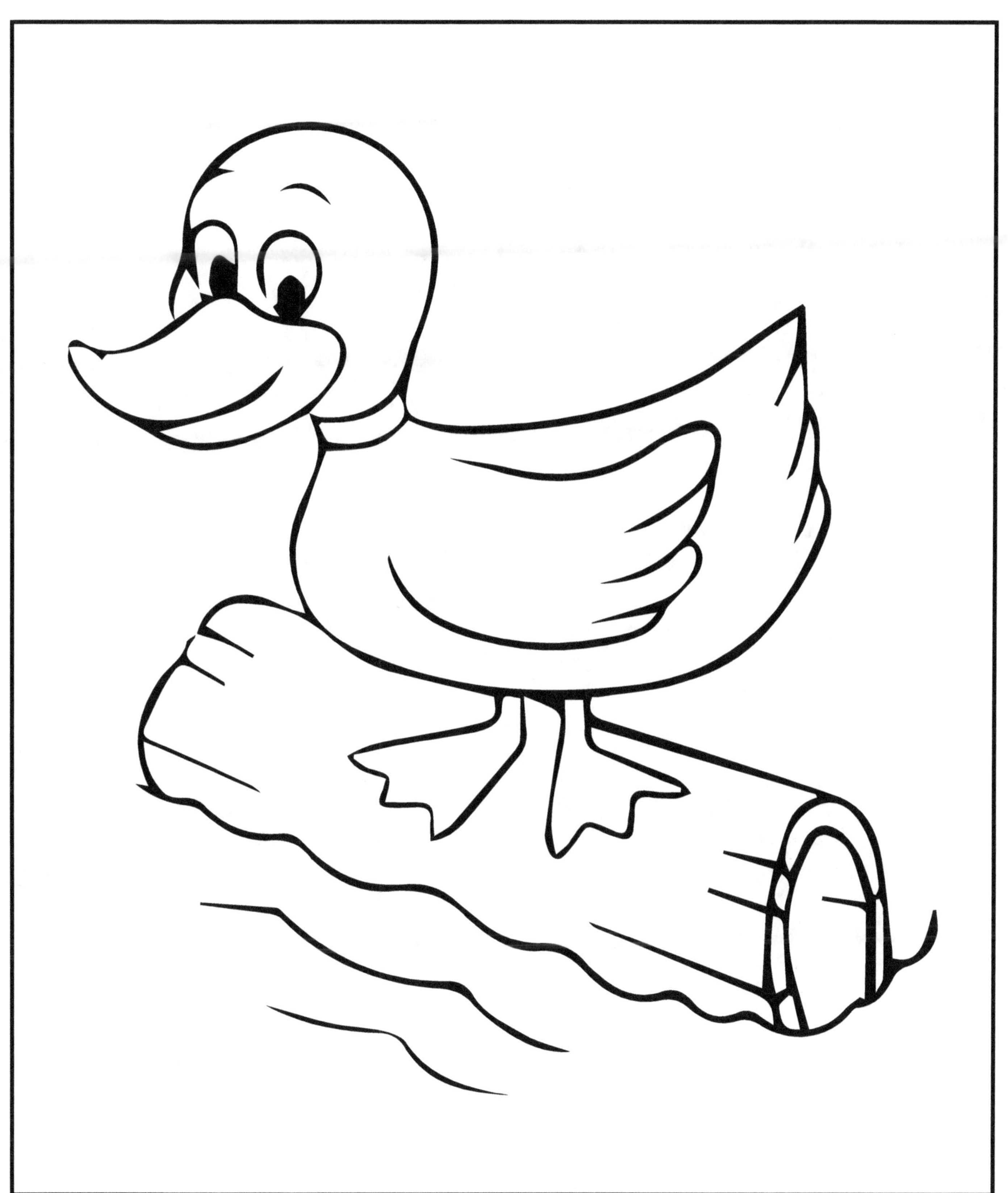

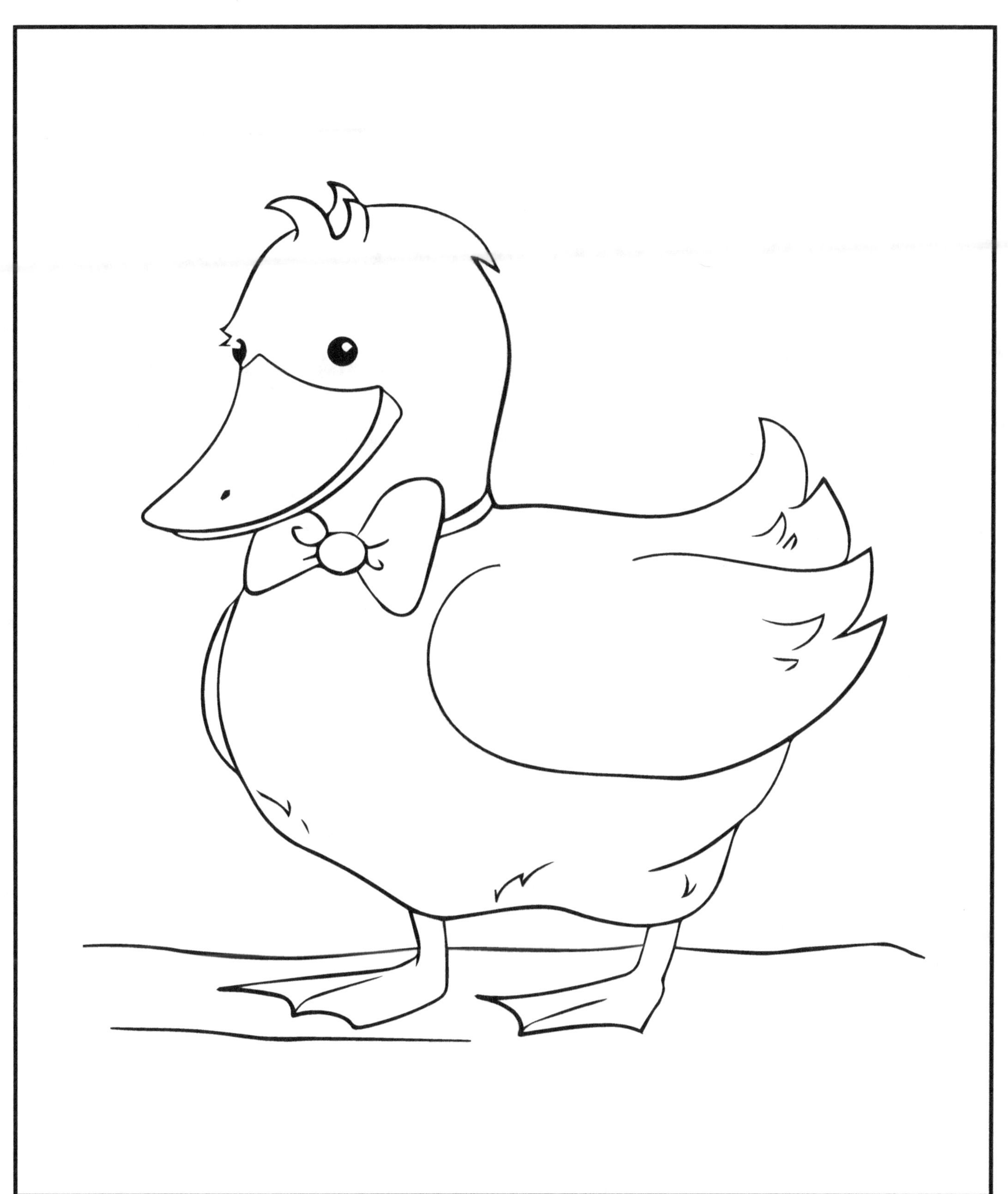

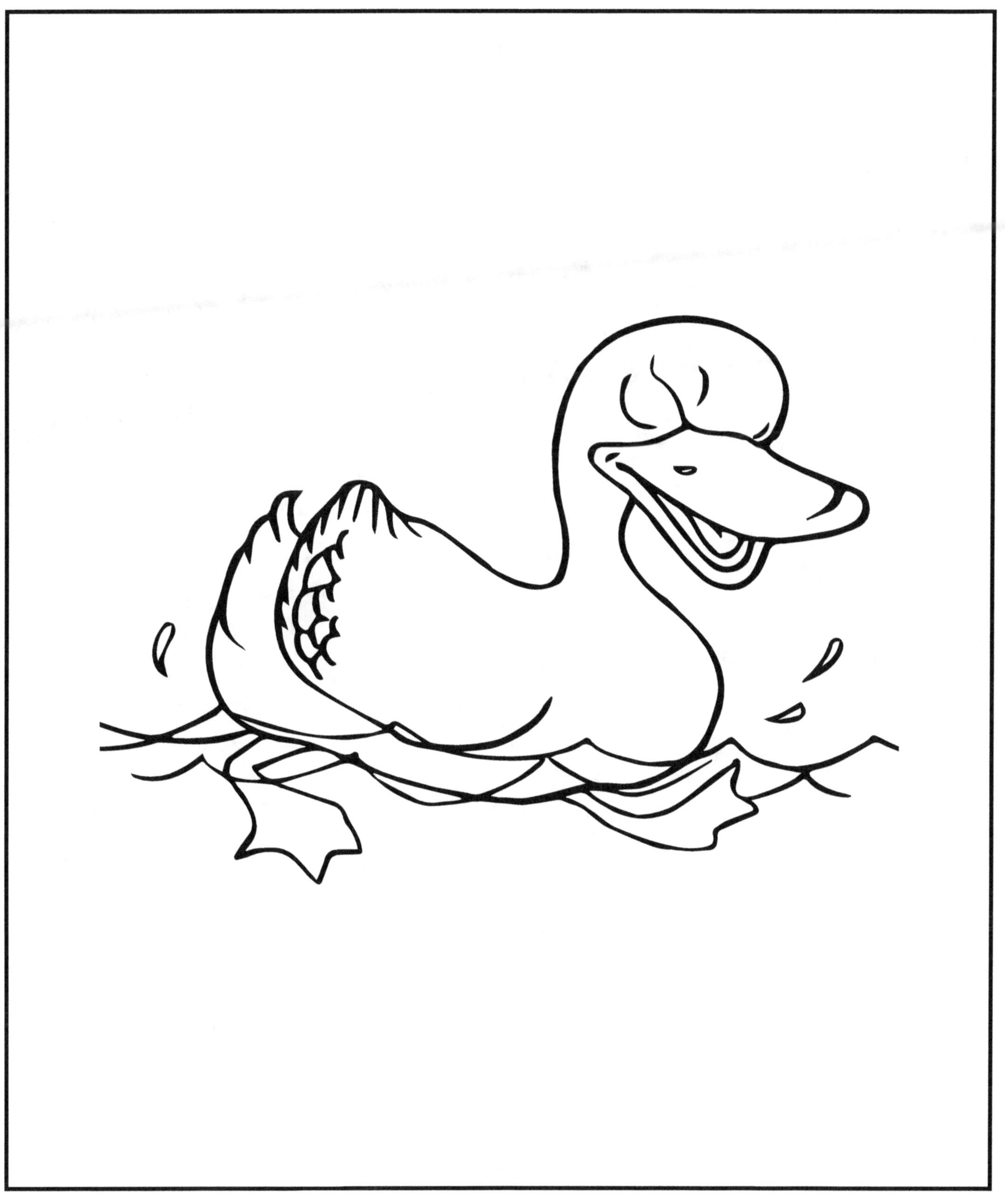

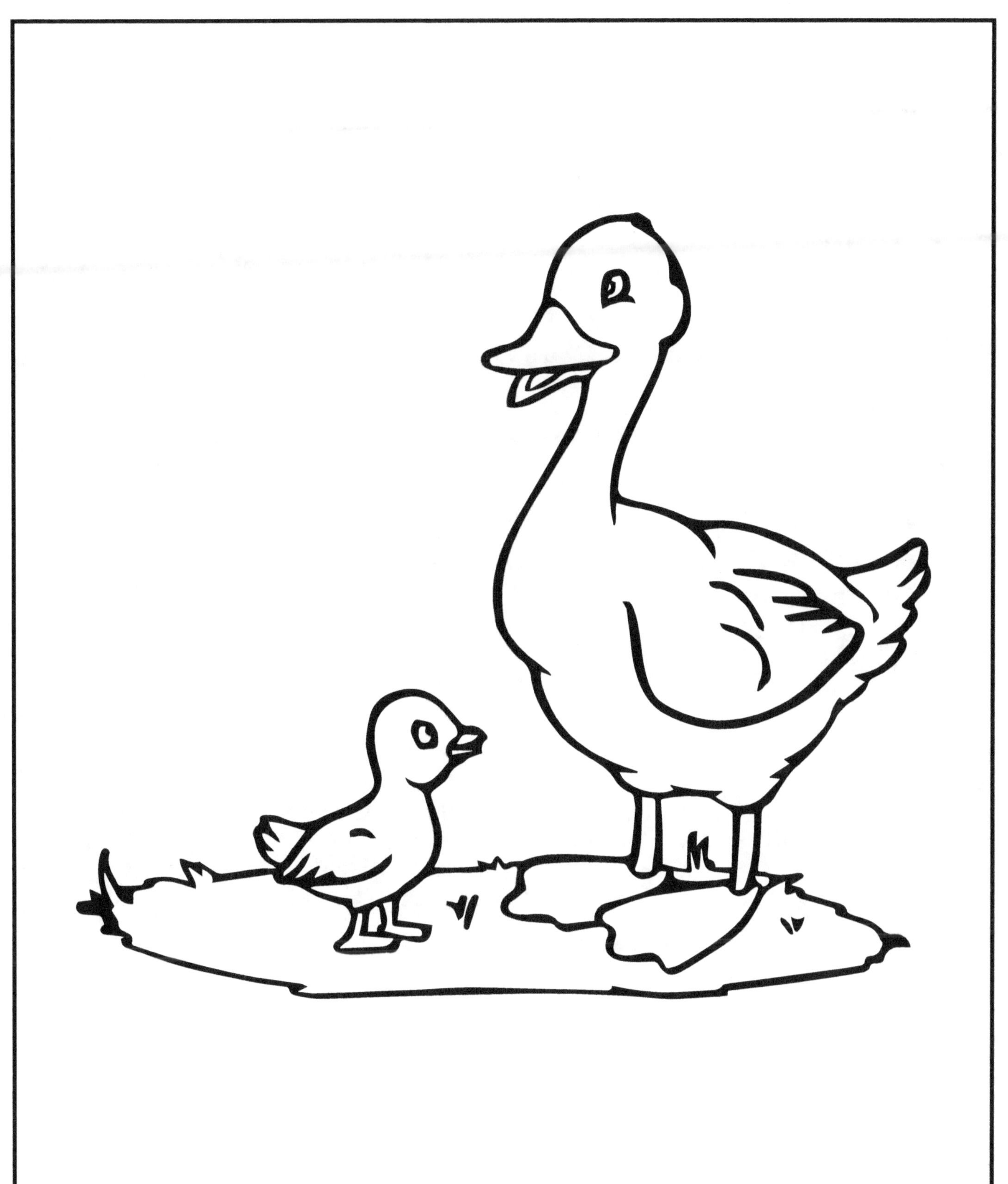